LE
BOULEVARD DU TEMPLE,

VAUDEVILLE EN UN ACTE,

Pour l'Ouverture de la nouvelle Salle de
MM. Franconi.

Par MM. CUVELIER et BRAZIER;

Représenté, pour la première fois, à Paris, sur le Théâtre
du Cirque Olympique, le 8 Février 1817.

SECONDE ÉDITION.

PARIS,

CHEZ BARBA, LIBRAIRE, PALAIS ROYAL,
DERRIÈRE LE THÉATRE FRANÇAIS, N°. 51.

De l'Imprimerie de HOCQUET, rue du Faubourg Montmartre, n°. 4.

1817.

PERSONNAGES.	ACTEURS.
JEAN DÉTACHE, ancien militaire.	M. *Melcourt*.
M. BESICLES, jeune mirliflor.	M. *Delahaye*.
FIFI, commissionnaire.	Mlle. *Céleste*.
LA PISTE, écuyer.	M. *Charles*.
UN SOLDAT de la ligne.	M. *Justin*.
M. BONHOMME, garde national.	M. *Amable*.
UN FORT DE LA HALLE.	M. *Bassin*.
Mad. SAINVILLE, petite maîtresse.	Mlle. *Lamarre*.
MATHURINE, habilleuse à l'Ambigu.	Mlle. *Tigée*.
ANGÉLIQUE, sa fille, Marchande d'Oranges.	Mlle. *Maria*.
UNE MARCHANDE du marché du Temple.	Mlle. *Fanchonette*.
Passans.	

La Scène se passe sur le Boulevard du Temple.

LE BOULEVARD DU TEMPLE,

Comédie en un Acte.

Le théâtre représente le boulevard du Temple, vu du côté du jardin des Princes; à droite du spectateur, l'entrée du Café LE BRUN; à gauche, la pompe et une partie du corps-de-garde: au fond, l'entrée du faubourg du Temple.

SCENE PREMIERE.

MATURINE, ANGELIQUE, UN GARDE NATIONAL,
en faction à la porte du corps-de-garde.

ANGÉLIQUE.

Mais, ma mère!...

MATHURINE.

Pas de raison!

ANGÉLIQUE.

Pourquoi t'est-ce que vous refusez d'm'entendre?

MATHURINE.

Ce mariage ne se fera pas.

ANGÉLIQUE.

Mon amour pour ce pauvre Jean?

MATHURINE.

Les convenances avant tout, mademoiselle, les convenances.

ANGÉLIQUE.

Mais, ma mère, Jean Détache me convient beaucoup.

MATHURINE.

Il ne me convient pas à moi; crois-tu que Mathurine, veuve Bon-Bec, habilleuse à l'Ambigu-Comique, dont le fils Fifi est premier commissionnaire à la porte de la Porte-Saint-Martin, consente jamais à donner la main d'Angélique, sa fille unique, la bouquetière et l'orangère privilégiée du théâtre de la Gaîté, et à qui encore? à un mauvais dégraisseur de deux liards!... Non, non, pas de ça, Lisette... Nous sommes propres dans not' famille, et nous n'avons pas besoin de dégraisseur.

ANGÉLIQUE.

Tiens, cet état-là en vaut bien un autre.

Air : *J'ai vu partout, dans mes voyages.*

L' métier de dégraisseur, je pense,
N'est pas si mauvais qu' vous l' croyez,
Car y a ben des gens d'importance
Qui n' sont qu' taches d' la tête aux pieds.

MATHURINE.

M'expliqu'ras-tu c' que tu rabaches ?

ANGÉLIQUE.

J' dis, ma mère, qu' si beaucoup d' gens
Vienn't chez nous s' faire enl'ver leurs taches,
Nous aurons d' la b'sogne pour queuqu' tems.

MATHURINE.

Chanson, chanson.

ANGÉLIQUE.

Jean Détache n'a rien que son petit commerce, c'est vrai : mais à force de détacher, on perce... et puis, c'est un brave soldat ! il a servi avec honneur, et tout ce qui touche à la gloire me tourne la tête... Que voulez-vous, ma mère ?

Air : *Héros d'amour, touchant modèle.*

A mon cœur il a droit d' prétendre,
Et certe, il n' l'aura pas volé :
Car auprès d' moi quand il doit s' rendre,
Il march' toujours au *pas r'doublé.*

MATHURINE.

Une fois ton mari, ma chère,
L'hymen calmera ses transports,
Et tu s'ras ben heureuse alors
S'il arrive au *pas ordinaire.*   (bis)

ANGÉLIQUE.

Je réponds de lui, il ne bronchera pas.

MATHURINE.

Va, ma pauvre enfant, on voit ben que tu ne sais pas ce que c'est qu'un militaire qui a fait de nombreuses campagnes.

Air : *Du partage de la richesse.*

Après quelque tems de ménage,
Plus lentement il marchera,
Et près de toi, selon l'usage,
Ton vainqueur se reposera.

ANGÉLIQUE.

Oui, mais avant pareille chose,
Il f'ra des exploits par milliers,
Et s'il faut qu'un jour il se r'pose,
Du moins ça s'ra sur ses lauriers.

LE GARDE NATIONAL, *à part.*
Pas mal! Diable, quelle petite gaillarde!
MATHURINE.
J'apperçois ton marchand de pierres à détacher... Je m'en vais lui donner sa graisse.
LE GARDE NATIONAL.
Tout en fesant ma faction, voyons un peu comment tout cela tournera.

SCENE II.

Les Précédens; JEAN DÉTACHE. *Il a une petite boîte sous le bras.*

JEAN DÉTACHE, *criant.*
Pierres à détacher... Qui veut des pierres à détacher.
MATHURINE, *appellant.*
Eh! par ici, par ici, monsieur de la propreté.
JEAN DÉTACHE.
Eh! eh! c'est vous, mère Mathurine?
MATHURINE.
Oui, c'est moi.
JEAN DÉTACHE.
Mamselle Angélique, comment se portent vos charmes aujourd'hui ? (*Il veut lui prendre la main.*)
MATHURINE.
Pas d'gestes; vous en contez à ma fille, monsieur Jean Détache. Je le sais, je le vois, je l'entends.
JEAN DÉTACHE.
Eh! bien, quel grand mal à ça... Tenez, puisque vous savez tout, je ne veux plus rien vous cacher. J'aime votre fille, ou le diable m'emporte; et si vous voulez que nous serrions le nœud conjugal, vous n'avez qu'un oui zà dire, et votre fille ne dira pas un non.

Air : *Farilon, farila.*

Allons, soyez bonne mère,
Rendez-vous à mon ardeur;
Songez que vous pouvez faire
Vot' gendre du dégraisseur.
Vous n'avez pas un cœur de pierre
Pour vous r'fusera mon bonheur!
Drès qu' l'hymen, oui dà,
M'enchaînera,
M'unira

A c' gentill' brunette,
    On en détachera
        Larirette,
    On en détachera
        Larira.

ANGÉLIQUE et LE GARDE NATIONAL.

    Il en détachera
        Laritte etc.

Deuxième couplet.

JEAN DÉTACHE.

De la paix, j' goûtons les charmes,
Mais si l'on m'naçait l'État,
Si le Roi criait : aux armes !
Sur l'heur' je r'deviens soldat.
Bravant les dangers, les alarme,
J' veux être l' premier au combat
    Quand l' tambour battra,
    Qu' la charg' sonnera,
        Qu'il faudra
    Qu'une brèche soit faite...
    On en détachera
        Larirette,
    On en détachera
        Larira.

TOUS.

On en détachera, etc.

MATHURINE.

C'est fort bien de penser comme cela... mais ça ne me suffit pas... il faut du quibus en ménage ; sans ça, barnique.

ANGÉLIQUE.

Mais l'amour, ma mère, pourquoi t'est-ce donc que vous le comptez ?

MATHURINE.

L'amour, c'est de la fumée zet voilà tout. L'amour met en appétit, et quand on n'a pas de quoi le nourrir dans sa cage, il finit par s'envoler. Il faut que celui qui épousera ma fille, ait au moins une place qui corresponde aux nôtres.

ANGÉLIQUE.

Ah ! ma mère !

JEAN DÉTACHE.

Ah ! mère Mathurine !

MATHURINE.

Je vous ai dit mon dernier mot ; ainsi, Angélique, passe par ici... quant à toi, Jean, puisque tu as été soldat, tu dois connaître la manœuvre ?

JEAN DÉTACHE.

Mille boulets ! oui, je la connais.

MATHURINE.

Eh bien ! attention au commandement... Demi-tour a droite... pas accéléré... en avant, marche... file, et que je ne te revoie plus.

Air : *S'en revenant du village.*

Gagne moi bien vite au larg
Et n' t'avis' pas
D' convoiter ses appas :
Si tu reviens à la charge,
Je te r'mettrai z'au pas...
(*En colère*.).
Faudra-t-il que j' te l' répète ?

ANGÉLIQUE.

Obéis donc...

JEAN.

Allons j' m'en vais, mais
Qu'il est dur de battre en r'traite,
Surtout pour un Français !

MATHURINE.

Gagne moi bien vite au large

JEAN.

Quoi, tu m'dis d' gagner au large !
Je n' pourrai pas
Vivre loin de tes appas,
Et j' vas r'venir à la charge,
Mais en r'doublant le pas.

Ensemble.

ANGÉLIQUE.

Nous avons d'vant nous d' la marge ;
Ainsi n' viens pas
Convoiter mes appas ;
Si tu r'venais à la charge,
Nous n' nous maririons pas.

SCENE III.

Les Précédens, LA PISTE.

LA PISTE, *arrive en chantant.*

« A pied, comme à cheval,
« Je n'ai pas mon égal. »

LE GARDE NATIONAL.

Ah ! ah ! voilà M. La Piste.

LA PISTE.

Eh bien ! qu'est-ce que je viens d'entendre?.. de l'humeur ! La paix, mes enfans, la paix... Allons, changement de main, au galop... Je veux que l'on se raccommode, moi.

MATHURINE.

Non, M. La Piste, non.

LA PISTE.

Comment! vous chagrinez ce pauvre Jean Détache, c'e
ourtant un bon et brave garçon.

ANGÉLIQUE, *riant.*

Pour bon, j'en suis sûre; mais pour brave, c'est aux en
nemis à savoir ça.

JEAN.

Ils le savent, mamzelle, ils le savent.

MATHURINE.

Il veut que je le marions avec Angélique, et il n'a pas tan
seulement la plus petite place.

LA PISTE.

Mais si je lui en procurais une?

MATHURINE.

Ah! ce serait bien une autre affaire.

JEAN DÉTACHE.

Quoi! monsieur, sans me connaître?

LA PISTE

Est-ce que tous les braves gens ne se connaissent pas...
Tu as servi?

JEAN DÉTACHE.

Pendant huit ans, avec honneur.

LA PISTE.

Dans l'infanterie ou dans la cavalerie?

JEAN DÉTACHE.

Oui et non; car, voyez-vous, j'étais toujours dans le train.

LA PISTE.

A merveille. Ainsi tu es au fait de tout ce qui concerne le
détail des équipages?

JEAN DÉTACHE.

Parbleu!

(*On vient relever le garde national, et on met à sa place
une autre sentinelle.*)

LA PISTE.

Air *de la Cavatine du Bouffe.*

Tu sais faire un att'lage?

JEAN.

Comm' vous.

LA PISTE.

Tu connais le fourage?

JEAN.

Comm' vous.

LA PISTE.

Tu sais mettre un' gourmette!

JEAN.

Comm' vous.

LA PISTE.

Et panser une bête?

JEAN.

Comm' vous.

LA PISTE.

Eh! bien, mon ami, un nouveau spectacle va s'ouvrir à deux pas d'ici, là, à l'entrée du faubourg du Temple.

MATHURINE.

Comment, un nouveau spectacle?

LA PISTE.

Oui, à pied et à cheval.

MATHURINE.

Est-ce que c'est là par hazard que vous voulez l'y faire avoir une place.

LA PISTE.

Pourquoi pas?

(*M. Bonhomme après avoir mis son fusil dans le corps-de-garde se rapproche du groupe.*)

MATHURINE.

Ah! bien il a le tems d'attendre, car c'te bâtisse-là n'avance guères.

M. BONHOMME.

Vous vous trompez; c'est plus avancé qu'on ne pense. J'y suis entré le matin avec quelques-uns de mes camarades. Tout est presque fini; et j'ai même remarqué certaines peintures qui feront plaisir à tous les bons français.

Air *du Pot de fleurs.*

Un artiste d' la capitale
A, dans l'histoir' du Grand Henri,
Choisi, pour embellir la salle,
Quelques beaux traits de c' prince chéri.

JEAN.

Il a fait là c' que la sagess' commande;
Car pourrait-on trouver chez nous,
Si l'on voulait les représenter tous,
Une sall' qui fut assez grande?

MATHURINE.

Eh! qu'est-ce qu'on y jouera, M. la Piste?

LA PISTE.

Un peu de tout.

JEAN.

Et comment est-ce qui s'appellera?

Le Boulevard du Temple. B

LA PISTE.
Le Cirque Olimpique.
TOUS.
Le Cirque Olympique ?
LA PISTE.
Oui, enfin, c'est le spectacle de MM. Franconi ; on pourra chanter quelques couplets, représenter quelque petites scènes, et parler un peu dans les pantomimes.
JEAN.
Parler en pantomime ? comment ça se pourrait ça ?
LA PISTE.
Sans doute.
JEAN.
C'est donc le Cirque de la rue du Mont-Thabor qui vien dans le faubourg du Temple ?
LA PISTE.
Justement.
ANGÉLIQUE.
Ils ont bien fait de venir ici : j'ai dans l'idée que ça leur portera bonheur.
JEAN.
Moi de même : car j'ai entendu dire que c'était là qu'ils avaient commencé.

Comme faisaient nos pères.
L' pèr' de ces écuyers fameux,
Qui leur servit d'exemple,
Dans le Faubourg du Temple
Créa ses courses et ses jeux.
Quoique fort sages,
Un peu volages,
Ses fils, bientôt, firent quelques voyages.
Oui, mais comm' il faut en finir,
Ils ne pouvaient pas mieux choisir.
Qu'avec plaisir
On les voit revenir
Achever leur carrière
Au berceau de leur père,
Dans le berceau, le berceau de leur père.

MATHURINE.
Ça va faire du bien dans le quartier.
LA PISTE, *à Jean.*
Je connais un des écuyers, et je te ferai placer.
MATURINE.
A l'écurie ?
JEAN.
Ça me va.

ANGÉLIQUE.

Ah ! quel bonheur, mon cher Jean !

MATHURINE.

Laissez donc ; une place comme ça, ça ne flaire pas comme baume, ça ne te suffira pas.

JEAN.

V'là mon espoir qui s'envole.

M. BONHOMME.

Pas encore, mon brave garçon. Tu aimes Angélique, tu veux l'épouser, c'est tout simple... Elle t'aime de tout son cœur, elle y consent, c'est tout naturel ; la mère Mathurine s'y oppose, voilà qui n'est pas sage.

MATHURINE.

Possible ; mais je dis encore non.

M. BONHOMME.

Et moi, je dis oui.

MATHURINE.

Ça ne sera pas.

M. BONHOMME.

Ça sera.

MATHURINE.

Je jure...

M. BONHOMME.

Ne jurez pas.

MATHURINE

Mais...

M. BONHOMME.

Paix !... Je suis le commissionnaire du roulage de Lyon, ici, aux environs, je m'appelle Bonhomme, et je suis emporté comme un diable, et quand je dis : ça sera ; il faut que ça soit. D'abord, c'est qu'un garde national et un bon soldat ça se donne la main... Mais c'est assez. (à Jean.) Mon brave, et vous, M. Lapiste, entrons un moment au café Lebrun... On ne perd pas de vue le corps de garde, à la moindre alerte, on y est ; c'est commode. Nous allons arranger cette petite affaire en buvant un verre de liqueur à la santé de la mère Mathurine... Elle est excellente.

JEAN.

La mère Mathurine ?

M. BONHOMME.

Non, la liqueur... En avant les pierres à fusil.

MATHURINE, à Angélique.

Viens toi z'en.

M. BONHOMME.

Air : *Allons tous bras d'sus, bras d'sous.*

J' suis connu dans ma Légion
Pour n'êtr' pas trop ridicule,
Et l'on sait qu' dans l'occasion,
J' n' r'cule
Pas d'vant un canon.

S'il faut vider un flacon,
On me trouve à la riposte,
S'il arrive qu'un jeun' tendron
Avec gentilless' m'accoste,
J' suis au poste.

TOUS.

On l' connaît dans sa Légion
Pour n'êtr' pas trop ridicule,
Et l' luron,
Dans l'occasion
Ne r'cule
Pas d'vant un canon.

ANGÉLIQUE, *bas à M. Bonhomme.*

Je n' suis pas gard' national,
Mais quand mon amant m'fait signe
D'aller le r'joindre au Waüxhal,
Je r'tiens, sans être ben maligne,
La consigne. (*bis*)

M. BONHOMME.

J' suis connu dans ma Légion, etc.

TOUS.

On l' connaît dans sa Légion, etc.

(*Lapiste, Bonhomme et Jean entrent au café. Mathurine et Angélique sortent d'un autre côté.*)

SCENE IV.

M. BESICLES, Mad. SAINVILLE, Un Fort de la Halle, Un Soldat de la Ligne, Une Marchande du Temple.

LE FORT, *appelant.*

Par ici, vous autres.

CHŒUR.

Air *des petits Pâtés.*

Mes chers amis, nous y voici :
Dorénavant c'est par ici
Que nous devons nous rendre, si
Nous voulons revoir Franconi.

LE MILITAIRE.

Comme ma parsonnière
Aime les animaux,

Et qu' ça n' me coût'ra guère,
J' la men'rons voir les chevaux :
LE FORT.
Moi, j' dirai z'à Javotte :
« Passe vîte un caraco,
« Et viens toi z'en, Cocotte,
« Voir un peu l' cerf Coco. »
TOUS.
Mes chers amis, nous y voici, etc.
LE FORT, *regardant Besicles.*
Qu'est-c' que chante donc, c' t' oiseau-là ?
BESICLES.
Dieux ! quel langage !
LE FORT.
C'est celui du port, mon homme.
MAD. SAINVILLE.
Quel motif a pu décider les administrateurs du Cirque à abandonner le quartier des Tuileries ?
BESICLES.
Ils ne l'abandonnent pas ; ils y ont laissé des amis qui viendront les voir.
LE FORT.
Ils ont voulu se rapprocher des Guinguettes, des promenades publiques, du Boulevard du Temple ; c'est le plus farce de tous les boulevards.
MAD. SAINVILLE.
Croyez-vous, mon cher Besicles, qu'ils aient bien fait de venir s'ensevelir dans un faubourg ?
LE FORT.
Comment, s'ensevelir !... n'y a pas de crainte, ma petite femme, nous sommes de bons vivans, et je vous répondons que leurs succès iront un train de poste.
Air : *J'ons un curé patriote.*

En r'descendant d' la Courtille,
Quand y gn'y aura du nouveau,
On verra plus d'un bon drille
Prendr' son billet z'au bureau.
    Faudra voir ce tapag'-là,
    Sur-tout quand on ouvrira...
        Ça prendra,   (bis)
    Les lurons s'ront toujours là.
UNE MARCHANDE DU TEMPLE.

De notre marché du Temple,
Quand j'allions chez Franconi,
J' dis que la course était ample ;
Mais pis qu' le v'là par ici,
    Le soir quand on déta l'ra,
    Queuqu' fois Coco nous verra...

Ça prendra,   (*bis*)
Les marchands s'ront toujours là.

UN MILITAIRE

Quand je ne s'rons pas d' service,
Et qu' j'aurons un' permission,
J' viendrai z'après l'exercice
Y faire un' petit' faction ;
Et l'end'main à c' poste là,
   Un camarade me r'levra...
Ça prendra,   (*bis*)
La casern' s'ra toujours là.

M. BESICLES.

La nouveauté pour les belles,
A toujours beaucoup d'attraits ;
Or donc, aux pièces nouvelles,
Elles viendront tout exprès ;
Des lieux où la beauté va,
   Jamais on ne s'enfuira...
Ça prendra,   (*bis*)
Les galans sont toujours là.

MAD. SAINVILLE.

Ma foi, je commence à croire que vous avez raison.

Sur l'entreprise nouvelle
J'avais tort de m'allarmer,
Ces écuyers, par leur zèle,
Se sont toujours fait aimer.
   Quand leur théâtre ouvrira,
   On les encouragera...
Ça prendra,   (*bis*)
L'indulgence est toujours là.

TOUS.

Quand leur théâtre ouvrira, etc.

LE FORT.

Bravo, la petite mère, j'aime à vous entendre parler comme ça.

MAD. SAINVILLE.

Mais comment voulez-vous qu'ils ouvrent à Paris : j'ai lu dans mon journal qu'ils étaient chez l'étranger, et mon journal ne se trompe jamais.

SCENE V

Les Mêmes, FIFI, MATURINE, ANGÉLIQUE, M. BONHOMME.

FIFI.

Mais, ma mère, quand je vous dis....

MATHURINE.

Mais explique-toi donc ?

FIFI, *essoufflé.*

Laissez-moi reprendre haleine.

ANGÉLIQUE.

Tu les a vus

FIFI.

Oui, je viens de les voir à la Barrière de Belleville..... Ils arrivent.... (*Tous donnent des signes de joie.*) Oui, oui, riez, riez.... mais moi, je ne ris pas. Si le Cirque du Faubourg du Temple attire la foule qu'est-ce que deviendra le Boulevard ? rien ; alors, moi, ma sœur, ma mère, nous v'là tous sur le pavé ; c'est dur.

M. BONHOMME.

Rassure-toi, mon homme... Ce n'est pas l'intention des directeurs du Cirque.

Air : *C'est la petite Thérèse.*

Sur cette machine ronde
Le bonheur doit être commun ;
Si l' soleil luit pour tout le monde,
L'argent roule pour chacun ;
Et comm' rien ne leur échappe,
Ces Directeurs, bons humains,
» Veul' tâcher d' mordre à la grappe,
» Mais sans nuire à leurs voisins. »

FIFI.

Ah ! ma mère, ah ! ma sœur, c'est toujours un fier déchet pour nous.

M. BONHOMME.

Tout s'arrangera, ou pour mieux dire, tout est arrangé. Tu continueras à faire tes commissions à la porte Saint-Martin, Mathurine d'habiller à l'Ambigu-Comique, Angélique vendra ses oranges à la grille du théâtre de la Gaîté, et tout le monde vivra.

ANGÉLIQUE.

Et Jean Détache, vous m'aviez promis.

M. BONHOMME.

Jean détache f'ra fortune en vendant des marons auprès du vestibule du Cirque.

MATHURINE.

Des marons? qu'est-ce que cela veut dire?

M. BONHOMME.

Tenez, le voilà.

SCENE VI.

Les Mêmes, JEAN.

JEAN, *en marchand de marons, la figure et les mains noires.*
Il arrive en chantant.

« C'est tout chaud, c'est tout bouillant ;
» C'est tout chaud, c'est tout brûlant. »

TOUT LE MONDE, *riant.*

Ah! ah! ah!

JEAN.

Me v'là placé, mère Mathurine.

MATHURINE.

Comme te v'la fait.

JEAN.

Air *de Calpigy.*

Je vois qu' vous riez de ma tournure
Et d' la couleur de ma figure ;
C' n'est pas ma faut', sans contredit,
Si ma marchandis' me noircit. (*bis.*).
Je ne suis pas l' premier, je pense,
Que l'on ait vu, par circonstance,
Quelquefois, du matin au soir,
Changer, comm' moi, du blanc au noir.

LE FORT.

Il ne dit pas faux, l'camarade.

JEAN.

M. la Piste m'a dit que l'matin je serais employé aux travaux du manège, et M. Bonhomme que v'là m'a établi à la porte marchand de marons de Lyon pour le soir, en me fesant l'avance d'un sac... ainsi vous ne pouvez plus mettre d'obstacles à mon mariage avec Angélique.

MATURINE.

Mais ils ne sont pas encore arrivés.

JEAN.

Oh! pour ça si... j'venons de les voir descendre par le faubourg du Temple : c'était une défilade, un cortège... ça ne finissait pas.

Air : *Vive une femme de tête.*

Par la barrièr' de Bell'ville
En ordre ils sont descendus ;
Ça formait un' longue file :
La queue allait aux Vertus.
J' parviens à m' faire une issue
Dans la foule des curieux...

Mais quel objet frapp' ma vue!...
C'est *Coco* qui m' saute aux yeux,
Qu'est-c' que j' vois qui trotte, trotte?
C'est l' cheval blanc du *Tailleur*.
Ceux qui *dansent la gavotte*,
Près du *Ch'val accusateur!*
Toute la troupe est complette :
Je reconnais *le Brillant*,
Je reconnais *la Coquette*,
Je reconnais *le Fringant*,
Le lion des Martyrs loin d' faire,
En route, l' moindre dégât,
Sous son bras tenait en frère
Le tigre du Renégat;
Enfin, dans le trouble extrême
Que m' causait ce brouhaha,
J'ai cru reconnaître même
Jusqu'à l'éléphant *Baba*.

(*Fifi remonte la scène et sort.*)

TOUS.

L'éléphant Baba!

LE FORT.

Bah! bah! ça ne se peut pas.

JEAN.

Il est possible que tout ce que j'ai vu m'ait donné la berlue, et qu'en parlant de l'éléphant, *je me trompe* : mais toutes les autres bêtes, je les ai vues, comme je vous vois.

MAD. SAINVILLE.

Ah! ça, mais je ne vous ai pas entendu nommer le fameux cheval *Regent* : est-ce qu'il n'y serait pas?

JEAN.

Oh! que si fait... J'ai vu un cheval superbe que deux écuyers tenaient en main... Il était paré, caparaçonné, et il avait une housse tout en or. Ah! quelle housse! quelle housse!

M. BESICLES.

Ce doit être lui. Je serais charmé de le revoir. Ce cheval est tout à fait intéressant... n'est-il pas vrai; belle dame?

MAD. SAINVILLE.

Il faisait nos délices à Mont-Thabor... et cependant le public n'a fait que l'appercevoir.

JEAN.

Dame c'est qu'on dit comme ça qu'on a eu bien de la peine à en venir à bout.

Boulevard du Temple.

Chacun dit qu'en Angleterre,
Personne n'a pu l' dompter,
Et qu'il vous flanquait par terre
Tous ceux qui voulaient l' monter.
Depuis qu'un écuyer d' France
S'est chargé de c't animal,
Il s'arrêt', r'cule, avance :
Enfin au plus p'tit signal,
    Y prend l' trot,
    Ou l' galop,
Sans souffler le moindre mot.

(*La Piste rentre en scène.*)

MATHURINE.

Tout ça est à merveille ! mais ce n'est pas une raison pour que j'donnions ma fille à ce garçon-là... car si le Cirque n'allait pas ouvrir ?

SCÈNE VII.

FIFI, *accourant et criant.*

Il est ouvert, il est ouvert.

ANGÉLIQUE.

Est-il possible ?

JEAN.

Me v'là marié.

MATHURINE.

A la bonne heure.

CHŒUR.

Ah ! quel plaisir !
Quelle ivresse
Enchanteresse !
Ah ! quel plaisir !
Comme on va se divertir !

(*Le théâtre change et représente la statue équestre d'Henri IV. Tout le monde se groupe autour. L'orchestre exécute l'air : Vive Henri IV.*)

TABLEAU FINAL.

www.ingramcontent.com/pod-product-compliance
Lightning Source LLC
Chambersburg PA
CBHW070427080426
42450CB00030B/1813